STANLEY PACHECO

COMO CONVIVER COM A
CONCORRÊNCIA

**MANUAL PRÆTICO DE SOBREVIVŒNCIA
EM MERCADOS COMPETITIVOS**

CB057520

STANLEY PACHECO

COMO CONVIVER COM A
CONCORRÊNCIA

**MANUAL PRÁTICO DE SOBREVIVÊNCIA
EM MERCADOS COMPETITIVOS**

EDITORA INTERCIÊNCIA

Rio de Janeiro
2000

Copyright © 2000, by **Stanley Pacheco**

Direitos reservados em 2000 por **Editora Interciência Ltda.**

Capa e Ilustrações - **Cleber Luis**

CIP-Brasil. Catalogação-na-Fonte
Sindicato Nacional dos Editores de Livros, RJ.

P121c
    Pacheco, Stanley
        Como conviver com a concorrência : manual prático de sobrevivência em mercados competitivos / Stanley Pacheco. - Rio de Janeiro: Interciência, 2000

        ISBN 85-7193-030-9

    1. Concorrência. 2. Marketing. I. Título.

00-0541.   CDD 658.4012
                                                      CDU 65.012.2

É proibida a reprodução total ou parcial, por quaisquer meios, sem autorização por escrito da editora.

EDITORA INTERCIÊNCIA LTDA
Av. Presidente Vargas, 435/18° andar - Rio de Janeiro - 20077-900
Tels.: (21) 242-9095/242-2861 - Fax: (21) 242-7787
e-mail: editora @interciencia.com.br

Impresso no Brasil - *Printed in Brazil*

*"O mundo é, na realidade, um espetáculo mágico.
Sua materialidade é uma ilusão, altamente
influenciada pela nossa percepção."*

Albert Einstein

Dedicatória

Dedico à minha amada mãe (in memoriam) que sempre me estimulou a estudar e deixou lições de amor profundo e ensinamentos através da ação e do exemplo.

Aos meus filhos Karla e Stanley Júnior que sempre torceram, acompanharam e motivaram minhas longas e cansativas, porém prazeirosas noites, sentado à frente do computador para trabalhar neste livro. Vocês são minha razão de viver.

Agradecimentos

À Tia Léa que, com sabedoria, sempre soube dizer as palavras certas nas horas certas, inspirando-me sempre, apesar das dificuldades, a continuar com minha missão de contribuir com o desenvolvimento das pessoas.

Ao meu Editor Rodrigo Nascimento por acreditar em meu trabalho.

Ao amigo Pimentel que abriu uma porta quando eu buscava um editor.

Ao amigo do peito João Marcos que sempre me estimulou a enfrentar novos desafios e, desde que conheci, sempre se fez positivamente presente na minha trajetória pessoal e profissional.

A todos aqueles que, de alguma forma, colaboraram e a todos clientes e alunos, sem os quais esta obra não poderia existir.

O Autor

Stanley Pacheco nasceu em 1º de março de 1958, no Rio de Janeiro. Descobriu, ainda jovem, sua vocação para atuar buscando melhorar a vida de outras pessoas, seja através do exercício do magistério, seja através dos negócios.

Numa busca incessante por aprender cada vez mais, não se limitou aos estudos básicos e buscou uma formação eclética e multidisciplinar. Empresário, Professor, MBA em Seguros, Pós-Graduou-se em Pedagogia, e tornou-se especialista em Marketing e em Programação Neurolinguística.

Atuou em diversos segmentos da área educacional e empresarial desde 1977.

Atua há 23 anos na área acadêmica, elaborando e ministrando Programas de Treinamento para Executivos de importantes empresas nacionais e multinacionais.

Atua atualmente na área de seguros. É Professor Universitário e Consultor Técnico/Docente da FUNENSEG- Fundação Nacional Escola de Seguros.

O autor tem também se dedicado a atuar na área de Consultoria Empresarial, realizando palestras e treinamentos para empresas e "homens de negócios", em todo o Brasil.

Dedica-se atualmente ao estudo dos componentes emocionais da venda, que será objeto de sua próxima obra.

Email do autor : stanley. pacheco@infolink.com.br

Sumário

Prefácio XV
I - Introdução 1
II - Antecipando e Inovando 5
III - Analisando o Negócio 9
IV – Agindo Objetivamente 15
V - Fazendo as Coisas Acontecerem 22
VI - Partindo Para a Ação 24
VII - Como Conviver Com a Concorrência 26
VIII - Conheça Seu Cliente 29
IX – Motivação é Tudo 36
X - A Clientela 39
XI - A Ética e a Concorrência 41
Conclusão 43

Prefácio

O livro do Profº Stanley Pacheco permeia suas páginas de acentuada característica didática. Tal aspecto ganha importância face ao tema, concorrência, ser tratado, em geral, de maneira não conclusiva. Os que ousam escrever sobre o tema acabam deixando ao leitor a sensação de que está faltando algo. Evidente que o assunto enseja ou, em certos casos, até mesmo condiciona tal desideratum. Não obstante, é preciso traçar horizontes claros no seu estudo, sempre que possível.

Na análise estrutural de qualquer empresa, industrial ou de prestação de serviços, um princípio básico deve ser seguido: todas concorrem entre si. Importa reconhecer o caráter concorrencial existente entre todas as empresas do mercado, e não somente entre aquelas de mesmo ramo. Aliás, é o que sugere a capa do livro quando nos mostra os concorrentes se debatendo e, simultaneamente, jacarés e tubarões aguardando o desfecho para entrarem em ação. A ilustração está perfeita. Os mais rígidos poderão argüir que jacarés e tubarões não freqüentam as mesmas águas. O acelerado processo de globalização está a demonstrar que sim.

Analisando tecnicamente a posição da empresa no mercado, segundo Porter, devem ser rigorosamente observados os seguintes fatores: o poder de negociação dos fornecedores, o poder de negociação dos compradores, a rivalidade entre as empresas, a ameaça de novos entrantes no mercado e, finalmente, a ameaça de produtos ou serviços substitutos. Este tipo de análise posiciona a empresa no contexto geral da economia. Os conceitos de barreiras de entrada e barreiras de saída, de há muito ultrapassaram a visão tradicional. Requerem novas abordagens.

Quer nos parecer, a análise estrutural pode ser encomendada. O executivo não tem de ser, necessariamente, um especialista em análises de mercado. Até porque, os tempos atuais estão a mostrar uma intensa modificação de cenários, num curtíssimo espaço de tempo. Ganha o mais ágil. Este não é, forçosamente, o melhor. O mais competente. Se é assim, a visão gerencial se apóia cada vez mais num conceito amplo de somatório de inteligências. Tudo dependerá do diagnóstico e poder de racionalização do executivo nesta tarefa.

O livro do Prof. Stanley nos auxilia no formação do diagnóstico, pois trabalha os fatores internos de cada um. Aumenta o poder de visão na medida em que força a reavaliação dos conceitos e substituição dos paradigmas, a partir da concepção que o indivíduo tem de si mesmo e do seu relacionamento com toda a estrutura mercadológica. O leitor certamente tem nas mãos uma interessante e útil ferramenta de trabalho. Aproveite.

João Marcos Brito Martins*

João Marcos Brito Martins *é administrador, advogado, professor universitário, MBA em administração- IAG-Master-PUC-RIO, Mestrado em Direito Econômico-UNESA-RIO, Diretor do Instituto de Seguros do Rio de Janeiro.*

I - Introdução

O mundo passa hoje por grandes transformações e as principais causas destas mudanças são a evolução cada vez mais rápida da tecnologia, a economia globalizada, a desregulamentação dos mercados, a concorrência cada vez mais competitiva, a mundialização da cultura e os próprios consumidores que estão cada vez mais exigentes, conhecedores de seus direitos e capazes de comparar o desempenho das empresas e produtos nacionais com o das estrangeiras.

Não importa o quanto se trabalhe, o resultado final é o que importa.

É difícil sair da zona de conforto do que é mais fácil e do que já foi testado.

Estratégias de sucesso que antes geravam bons resultados para a maioria das organizações, não costumam mais ser eficazes hoje.

Cabe mudar o paradigma através do qual se assimila os fatos, criando assim novos horizontes, novas possibilidades.

O desafio é ter produtos e serviços individualizados, fabricados mediante a necessidade dos clientes. O alvo deve ser o mercado ou pequenos grupos, visando a segmentação. As empresas precisam planejar e direcionar ações de fora para dentro, percebendo o comportamento, observando e criando necessidades, analisando as estratégias de compra de seus consumidores.

O sucesso ou fracasso do seu negócio depende da forma pela qual você é capaz de perceber como as coisas estão acontecendo e estar sempre em busca de adaptar-se ao mercado onde atua, na mesma velocidade com que ele se transforma, desenvolvendo inclusive a capacidade de se antecipar a possíveis mudanças.

Uma correta percepção nos direciona para o alcance de nossos objetivos. Se a percepção do negócio é míope, estaremos comprometendo diretamente a nossa capacidade de fazer as coisas acontecerem.

Com a velocidade das mudanças no mundo atual, é questão de sobrevivência propiciar condições às empresas de reelaborar um novo perfil, frente à realidade de um mercado globalizado e de concorrência cada vez mais acirrada. O que antes era vantagem competitiva, hoje não é mais. Quando uma empresa lança um produto ou serviço ou agrega valores novos aos já existentes, se estes valores agregados vêm de encontro às necessidades do consumidor, existe, na verdade, uma vantagem competitiva temporária, pois os concorrentes vem logo atrás com ofertas semelhantes. É preciso estar sempre inovando e criando novas necessidades nos consumidores, que muitas vezes não sabem que necessitam daquele produto ou serviço desenvolvidos nas suas empresas, baseado nas observações e interações com os clientes.

Logo, as reais vantagens competitivas, hoje, são inovação e antecipação.

Estes são os principais desafios. O mercado exige um perfil de profissionais líderes, especialista-generalistas, com visão de médio e longo prazo, que pensem e atuem como planejadores e que tenham uma visão ampla de marketing, buscando atuar de forma objetiva na busca de resultados, desenvolvendo parcerias e sendo capazes de comunicar eficazmente ao consumidor final os reais objetivos das empresas.

Este estudo visa estabelecer ações e proceder uma análise de alguns fatores e estratégias que podem ajudar você Empresário, Profissional Liberal, Prestador de Serviços, Consultor e demais profissionais de negócios a obter sucesso, utilizando-se de uma abordagem criativa dos processos de mercado, relacionamento com a clientela e da relação com a concorrência.

Para sobreviver, é necessário aprender o presente e, com a experiência do passado, inventar o futuro.

II - Antecipando e Inovando
Antecipação Mercadológica

Quanto maior a velocidade das transformações, maior tem que ser a capacidade de antecipar o futuro e estar atento e aberto a aprender e a desenvolver cada vez mais a capacidade de quebrar velhos e novos paradigmas.

É preciso desenvolver uma visão multifocal capaz de enxergar a curta, média e longa distância. Analisar sistematicamente o presente com o aprendizado do passado, buscando novas formas de atuar no futuro que começa um segundo após o momento presente.

É preciso suprir o cliente daquilo que precisa, atendendo suas necessidades, mas é preciso também oferecer algo realmente novo. Muitas vezes, é preciso fornecer aquilo que o cliente ainda não sabe que quer ou precisa.

Inovação Empresarial

Para andar sempre na frente, no mundo empresarial, os "homens de negócio" devem manter-se no processo constante de produzir melhora contínua. Buscar a perfeição. Obstinar-se na procura do erro zero e da inovação, buscando com isso, diferenciar-se da multidão de concorrentes, promovendo assim, a fidelidade do cliente. Está mais do que constatado, em qualquer negócio, que é extremamente mais barato e fácil levantar novas parcerias com os atuais clientes do que conquistar novos ou reconquistar clientes perdidos.

Faça com que o cliente seja mais do que "fiel", que seja "leal".

Um cliente "fiel" é aquele que está com você ou com sua empresa enquanto seu nível mínimo de satisfação está garantido. Quando esta relação muda, ele também muda e muitas vezes não se sabe porque isto ocorreu, porquê ele simplesmente vai embora. É preciso manter abertos vários canais de comunicação com o cliente e ter suas informações, permanentemente avaliadas. A informação não vale nada se não for comunicada para todos os envolvidos no processo e usada objetivamente na prevenção, correção de erros e muitas vezes no lançamento de novos produtos ou serviços.

Já um cliente "leal" é aquele que continua cliente da sua empresa, apesar de alguma falha. Informa que ela está ocorrendo, dando a oportunidade de correção. Crie mecanismos para a identificação dos problemas e de quem o identificou. Cabe, certamente, corrigí-lo, agradecer a quem o relatou e, sempre que possível, dar alguma compensação, ao cliente, ratificando a parceria e não a antiga relação entre empresa/cliente de vantagem unilateral (para a empresa, é claro).

Porém, não subestime a capacidade do cliente leal em identificar aquilo que espera de seu parceiro comercial, buscando manter e aprimorar cada vez mais seu atual nível de satisfação.

Todo processo de mudança nas empresas, sejam pequenas, médias ou de grande porte, não pode se perder em exaustivas reuniões ou numa atitude lenta, pois é alto o risco de, quando você ou sua empresa estiverem realmente decididos a tomarem uma decisão, ela não mais ser necessária ou as coisas já não são mais como eram e tal decisão não

*cabe, pois não terá nenhum efeito prático ou promoverá efeitos opostos aos desejados. É preciso colocar a "máquina" para funcionar rapidamente e fazer os ajustes necessários, com ela já em funcionamento. Logo, quanto mais constantes e rápidas forem as transformações, maior deverá ser a capacidade de se tomar decisões rápida e acertadamente, pois com certeza, assim como ocorre no mundo animal, **o mais rápido engole o mais lento**.*

Aprenda com seus próprios erros e com os erros dos concorrentes monitorando o mercado e analise ações tomadas, identificando possíveis falhas e sendo capaz de reformular estratégias para atingir seus objetivos.

III - Analisando o Negócio

É preciso repensar estruturas e estratégias, ajustá-las a uma política de resultados. Antes de mais nada é importante realizar uma análise profunda no negócio onde se atua:

- *O que é?*
- *Como deveria ser?*
- *Para que ele serve?*
- *Aonde se quer chegar?*

Como ocupar uma lugar de destaque no mercado e quem sabe, ficar entre os melhores? Para compreender melhor este processo, vamos analisá-lo por partes e em diferentes níveis empresariais. A função de cada nível é organizar e controlar a informação do nível abaixo. Portanto uma mudança em um nível mais alto, necessariamente, provocará mudanças nos níveis inferiores. O nível de baixo pode, mas não necessariamente, gerar mudanças nos níveis acima. São eles: **filosófico***,* **identidade***,* **crenças e valores** *e* **capacidade***.*

Filosófico

É inegável o fato de pertencer-mos a um sistema que vai além do sistema individual. É o reconhecimento de que cada indivíduo pertence a algo maior, composto de partes que interagem entre si, formando o todo e que é necessário haver total sincronismo, tanto nos pensamentos como nas ações, entre as diversas engrenagens e seus níveis hierárquicos para que a máquina empresarial funcione de forma plena.

A pergunta a ser feita é: QUEM MAIS?

Identidade

Determina o objetivo maior da empresa, sua missão, que deve comunicar tanto internamente como externamente seus objetivos, ultrapassando a barreira do propósito principal de empresa e/ou negócio, ou seja, ser capaz de atuar amplamente dentro do negócio pretendido, possibilitando a atuação nas áreas afins e complementares, caso seja o desejo estratégico da empresa para atender à demanda.

A pergunta a ser feita é: QUEM ?

A missão da empresa deve considerar as crenças e valores dos seus líderes e deve buscar o aprimoramento por meio do autoconhecimento e autodescobrimento.

Crenças e valores

As coisas nas quais acreditamos e nossos valores morais e profissionais reforçam e apoiam as nossas capacidades, ampliando possibilidades.

As crenças produzem a motivação necessária e a permissão para realizar. Sem a crença de que se pode realizar algo, nada acontece.

As crenças, que por outro lado, podem também bloquear novas investidas e possíveis conquistas. Há de se analisar quais são as crenças motivadoras e que fazem um negócio se desenvolver.

A pergunta a ser feita é: POR QUÊ ?

Capacidades

A realidade é percebida de formas diferentes por pessoas e empresas. A partir das experiências do dia a dia e da cultura adquirida, os fatos são interpretados de forma absolutamente subjetiva e individual.

As interpretações são os nossos mapas mentais que se transformarão em estratégias para conduzir e direcionar nossos comportamentos.

Para tal, é necessário um planejamento estratégico que deve considerar que, para fazer alguma coisa acontecer, ela deve ser criada duas vezes. A primeira criação ocorre na nossa mente (planejamento), passando pelo crivo das crenças existentes e experiências adquiridas.

A segunda criação é o processo de execução (ação). Deve-se buscar chegar ao destino (situação desejada) e agir analisando a situação atual, quais os objetivos e que caminhos tomar. É preciso analisar periodicamente o quão próximo se está da meta desejada e ajustar as ações para o atingimento das metas.

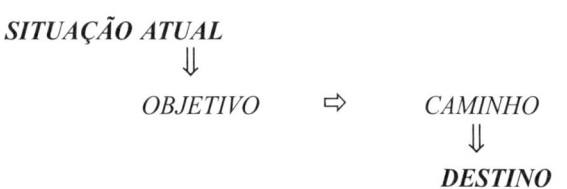

Quando a criação não é executada com autoconsciência, disciplina e critérios, delegamos poder e as condições de nosso destino para outras pessoas ou para o acaso.

É preciso assumir o controle de nossas criações!

Para assumir efetivamente este controle, é necessário administrar os acontecimentos do dia a dia de um negócio, analisando-os e sendo capaz de distinguir um **problema** de um *fato*:

Fato é algo que não podemos mudar e por este motivo deve ser compreendido e aceito, cabendo administrar suas conseqüências internas e externas, sejam elas pessoais e/ou financeiras.

Se algum acontecimento é interpretado como **Problema** é porquê tem solução(ões). Deve-se buscar as adequadas, considerando o momento vivido, a intensidade do problema e o contexto adequado, buscando alternativas para anular ou minimizar possíveis efeitos danosos ao negócio.

O segredo está em saber exatamente o que é *"fato"* e o que é *"problema"* e agir adequadamente.

Há, ainda, dois tipos de comportamentos pessoais e empresarias facilmente identificáveis nas empresas. Aquelas que administram seus negócios reativamente, produzindo ações meramente corretivas e aguardando as coisas *acontecerem para depois agir. São os apagadores de incêndio. Não são capazes de criar, não ousam, estão sempre seguindo a maioria e reagindo à medida que os fatos ocorrem.*

Há aquelas que agem visualizando novas possibilidades, novos caminhos, novas necessidades, novas formas de fazer as coisas acontecerem. São os pioneiros e enfrentam diariamente o desconhecido e por isso são capazes agir sobre pressão, de pensar, decidir e reagir rapidamente, diante de situações inusitadas. Isto os torna mais competitivos e novas possibilidades aparecem a partir deste comportamento.

Logo, os pensamentos são os responsáveis pelo destino das pessoas e empresas.

Uma empresa é aquilo que pensa que é!

A pergunta a ser feita é: COMO?

IV – Agindo Objetivamente

As empresas precisam escrever seu próprio destino. Isto implica em não aceitar ser levado pelos fatores externos, como um barco à deriva sendo conduzido pelas correntes para não se sabe onde. E depois?

É preciso agir proativamente, buscar atingir os objetivos, apesar da correnteza. Reclamar não resolve problema. É imperioso utilizar-se de capacidade criativa e visão amplificada para adquirir a sabedoria que é saber reconhecer aquilo contra o que não se deve lutar e saber o que se pode mudar para fazer as coisas acontecerem. É aquela velha história de que uma vez no mar com ventos muito fortes, não se pode mudar os ventos, mas pode-se ajustar as velas do barco.

Reveja paradigmas!

Você já se deu conta de que muitas vezes agimos diante de muitas situações como se estivéssemos com o nosso "piloto automático" ligado?

Não sabemos porquê fazemos ou se poderíamos ter feito de outro modo mas fazemos assim mesmo. Agimos baseados nas experiências e resultados passados e nas crenças que adquirimos ao longo da vida pessoal e profissional.

Diante de cada situação com as quais nos deparamos, seja inédita, seja cotidiana, precisamos rever nossas crenças e paradigmas e antes de cada ação ou opinião a ser emitida, refletir se as atuais crenças potencializam ou limitam nosso desempenho. Muitas delas podem limitar nossa capacidade de pensar e comprometer os resultados desejados.

Algumas vezes ainda nos comportamos passivamente diante de alguma situação para a qual, aparentemente, não temos solução e "deixamos rolar" por pura acomodação ou por não saber o que fazer (e as consequências são desastrosas).

Com toda certeza, é melhor errar por ação do que por omissão.

Manter a crenças potencializadoras e repensar aquelas que podem ser limitadoras é um bom começo. O próximo passo é agir.

 Faça do tempo seu aliado.

Planeje-se, priorize e organize-se!

 Use criatividade e imaginação.

Segredo, criatividade e imaginação são as chaves do sucesso para inovações. Descubra novos caminhos. Crie novos produtos ou serviços ou adeque os já existentes, ampliando seu uso e só revele quando estiver tudo pronto para ser implementado.

 Afaste o fantasma do fracasso!

Saiba administrar seus sucessos e "fracassos".

O erro, com certeza, deve ser evitado. Mas se ocorrer, não deve ser transformado em fracasso e sim em informação produtiva para futuros acertos.

Humildade profissional, capacidade de aprender cada vez mais e persistência devem nortear suas ações.

Seja um estudioso de seu cliente.

Oriente suas ações para o ele. Explore o que está dentro de sua cabeça, viaje pela sua mente, identifique suas necessidades, conheça seus sonhos, suas motivações, seus hábitos, comportamentos e estratégias de compra.

Coloque o cliente no centro de suas atenções, aprendendo a ouvi-lo corretamente. Abra os olhos e os ouvidos.

 Coloque-se e à sua empresa em visibilidade

Invista em sua imagem e cultura geral; torne-se e a sua empresa conhecidos e respeitados; mantenha intercâmbio e troca de experiências com outros profissionais do mercado, associações, órgãos de classe etc... .

 Não se deixe influenciar por preconceitos e impressões levianas.

 Nunca subestime o potencial de negociação de um concorrente, nem do cliente.

Comportamentos

São as ações e reações específicas realizadas no ambiente do negócio. Todos os comportamentos pessoais e empresariais são norteados pelo modo pelo qual a realidade é percebida e interpretada.

Ambiente

Envolvem as condições externas e internas nas quais nossos comportamentos se desenvolvem.

Meios e Oportunidades são indispensáveis.

Meios

Como fazer? Conhecer os processos materiais e mentais para atingir os objetivos propostos

Oportunidades

Só existem para aqueles que possuem a preparação e por este motivo, são capazes de percebê-las e aproveitá-las.

Daí nasce a chance para fazer com eficácia. Fazer o que deve ser feito e sem erro.

É preciso saber lidar com interferência e resistência, fatores que dificultam ou impedem a realização das metas.

V - Fazendo as Coisas Acontecerem

O Processo de Realização das Metas

O primeiro passo é especificar que objetivos deseja alcançar. Faça-o por escrito. Envolva seu organismo e toda a sua fisiologia nesse processo, formando imagens na sua mente, visualizando antecipadamente o que você espera que aconteça. Pense nas coisas que vai ouvir quando chegar lá e sinta-se como se já tivesse conseguido. Este processo neurolinguístico lhe dará todas as coordenadas mentais que precisa e, a partir daí, agirá intuitivamente.

Previna possíveis interferências, ou seja, impedimentos externos, critérios não-apropriados, experiências negativas no passado, falta de convicção (dúvidas na realização da meta), processo de comunicação e informações imprecisas, metas e passos não bem definidos:

1) Defina a situação em que se encontra atualmente.

2) Defina seus objetivos. Onde você deseja chegar?

3) Defina parâmetros para avaliar se está ou não se aproximando do objetivo e como vai saber se já conseguiu?

4) Qual é seu plano de ação, ou seja, o que deve ser feito, passo a passo, para realizar as metas?

5) O que poderá impedir você ou sua empresa de alcançar tais objetivos?

7) Que capacidades e recursos você já tem para ajudá-lo a conseguir seus objetivos?

8) Quem mais pode contribuir para que as metas sejam alcançadas?

9) Que mais você necessita?

10) Uma vez definidos esses parâmetros, comece a agir e esteja preparado para em cada fase do processo, através de monitoramento constante, ser capaz de identificar e corrigir qualquer bloqueio interno ou externo que possa impedir ou dificultar você ou sua empresa de atingir as metas desejadas e planejadas.

VI - Partindo Para a Ação

Conheça antes de mais nada o mercado onde atua, observe a conjuntura atual.

Reconheça os princípios da variabilidade e flexibilidade através dos quais se pode atingir objetivos idênticos de maneiras diferentes, revendo sistematicamente suas ações, ratificando aquelas que efetivamente atingem objetivos ou propiciam condições para se chegar onde se deseja.

Reconheça a realidade do cliente e analise seus códigos inconscientes, guiando-se por eles:

Necessidades - *estado de privação sentido por pessoa ou empresa.*

Desejo – *expressão de necessidade, alimentada pela cultura e desenvolvimento pessoal. O desejo está ligado ao mundo dos sonhos e das expectativas de cada um.*

Demanda – *um desejo ou uma necessidade de pessoas comprarem aquilo que se precisa.*

VII - Como Conviver Com a Concorrência

Conheça a si mesmo

Defina o que é seu negócio. Para que ele existe? Quem pode se beneficiar com ele?

Depois de definir seu negócio, pergunte-se:

" Se um cliente em potencial não compra de você, de quem ele compra?"

Verifique no mercado, quem são seus concorrentes e o que eles fazem para atrair e manter clientes.

Como você vê sua empresa daqui a 3, 10, 20 anos?

É preciso ter FOCO, mas não confundir com visão curta.

Outro passo importante para o autoconhecimento é definir seus produtos e serviços:

Que benefícios ou características seus produtos e serviços, na verdade oferecem ao cliente?

Quais são as principais razões pelas quais seus melhores clientes compram de você?

Como deseja que seu produto ou serviço se posicione no mercado?

Líder em preço? Líder em qualidade? Líder em agilidade?

Se um cliente não compra seu produto ou serviço, o que ele compra? De quem ele compra?

Seus clientes estão utilizando seus produtos/serviços para resolver problemas nos quais você nunca pensou? Existe aí uma oportunidade de expansão de seu negócio?

Quando ocorre uma mudança no mercado, como você e sua empresa a interpreta? Como ameaça? E aí se retrai e fica passivamente esperando para ver o que acontece para só depois agir, desperdiçando possibilidades de conhecimento e crescimento?

Ou encara estas mudanças como oportunidade e, guiando-se pelos acontecimentos, as transforma num conjunto de ações e transformações produtivas, mesmo tendo que assumir alguns riscos?

Não é possível fazer linguiça sem matar o porco, não é verdade?

VIII - Conheça Seu Cliente

Até que ponto os profissionais de negócios e as empresas conhecem e se relacionam com seus clientes?

Há alguns anos, o que valia era a quantidade de clientes. A massificação produzida pela necessidade de angariar clientes a qualquer custo, distanciava a empresa de seus parceiros. Hoje, prima-se pela qualidade do cliente e busca-se fazer muitos negócios com cada um. O número de concorrentes cresce em quantidade e qualidade. É preciso ampliar o relacionamento com os atuais clientes e mantê-los felizes e próximos de seus parceiros comerciais.

A comunicação deve ser estreitada cada vez mais, e a tecnologia a custo razoável é o que não falta, para isso um microcomputador pode fazer milagres. A cada dia, as empresas e prestadores de serviço devem surpreender com algo realmente novo. As vendas adicionais certamente ocorrerão se você conseguir formar a sua imagem como a de um consultor e não um simples vendedor ou instalador de serviços. Faça o cliente saber que, da mesma forma que, se ele deseja confeccionar ou ajustar uma roupa, deve procurar um alfaiate e não uma padaria. Se deseja aplicar dinheiro, deve procurar o gerente de seu Banco, para aconselhar-se da melhor forma de proteger seu dinheiro da inflação. Do mesmo modo, se ele necessita de fazer um seguro, deve procurar um Consultor Profissional de Seguros em que ele possa confiar seu patrimônio, sendo orientado não só na contratação, como no momento da utilização de sua apólice, e principalmente na sensibilização da necessidade de proteger aquilo que o cliente nem sonhava que pudesse ser segurado e a um custo tão razoável.

A chave do sucesso não é mais o **produto**, mas sim o **cliente**. O caminho não é mais negociar o mesmo produto para um número enorme de clientes e sim oferecer todos os produtos possíveis para um cadastro selecionado de clientes por muito tempo.

O Consumidor Brasileiro está longe de ser o mesmo de alguns anos. Hoje há maiores opções de produtos no mercado. A comunicação é mais intensa e extremamente ágil. Ele está mais consciente dos seus direitos e existem produtos diferenciados, de acordo com suas necessidades e desejos.

Diante das mudanças no mundo empresarial neste final de século, certamente ocorreram mudanças no comportamento do consumidor. Hoje ele é mais informado e, por consequência, mais exigente. Possui mais opções de escolha e é menos fiel, menos leal a uma marca ou empresa.

Devido à entrada das empresas estrangeiras, utiliza-as como referência, e busca produtos do jeito que ele quer, esperando um alto nível nos serviços e no atendimento e busca ainda a melhor relação custo/benefício.

Será que você já parou para refletir sobre essas mudanças?

- *Será que nesse exato momento outras empresas ou profissionais que atuam no seu ramo de negócios não estariam usando novas formas de cativar clientes da concorrência, guiando-se por esta mudança comportamental dos consumidores?*

- *Como agir a partir dessas mudanças?*

- *O que fazer? Será que você está deixando "correr" para ver o que vai acontecer? E aí, não poderá ser tarde demais?*

- *Como está seu comportamento em relação aos seus clientes?*

- *Será que o atendimento que você está dando aos clientes é compatível com o que ele espera?*

- *Você está atuando da mesma maneira que atuava há um ou dois anos atrás?*

Portanto qual o melhor caminho:

Velhos comportamentos em contextos antigos?

Novos comportamentos em contextos antigos?

Novos comportamentos em novos contextos?

Se você leu atentamente, refletiu um pouco e concorda com o que foi discutido até agora neste livro, com certeza você escolheu a última opção, pois ações que davam certo no passado não garantem o mesmo resultado no presente muito menos no futuro.

Um forma de se conseguir informações decisivas é saber ouvir os clientes.

Como fazer isso?

Há várias maneiras:

A primeira delas é monitorar o índice de satisfação, questionando continuamente o cliente, corrigindo as distorções existentes e produzindo, assim, melhores resultados.

Em seguida, é necessário escutar as reclamações, comentários, queixas e perguntas dos clientes. Deve-se estar sempre atento e com disposição para analisar e dar solução imediata, corrigindo qualquer falha, mesmo que ela não seja por sua culpa ou de sua empresa.

Outra maneira eficiente, é investigar objetivamente junto à clientela quais fatores específicos que determinam a atração ou deserção, para que se possa manter e melhorar os aspectos positivos e, no segundo caso, isolar os atributos do produto ou do serviço que está sendo prestado para evitar a perda de clientes.

É essencial treinar o pessoal da linha de frente para que possa, não só agir de forma a atender eficazmente o cliente, como também ser um captador de informações sobre deficiências, sendo capaz de dar os primeiros passos na solução do problema.

Em qualquer negócio, todo o pessoal, desde os dirigentes, como os demais funcionários, e, principalmente, os atendentes e mensageiros, devem estar afinados com a filosofia da empresa ou do negócio e preocupados em resolver problemas. Reúna-se semanalmente com seus funcionários e colaboradores para discutir este assunto. Se não for possível fazê-lo pelo porte da empresa ou por qualquer outro motivo, contrate um consultor para desenvolver treinamento específico.

Conheça seu concorrente

Se você quer conhecer seu concorrente, circule no seu mercado. É lá que tudo acontece. Do escritório é o pior lugar para se observar o mercado. Leia e escreva em publicações da sua área. Freqüente associações de classe, almoços, seminários, debates e quaisquer outras atividades que lhe coloque frente a frente com os concorrentes.

Esteja onde estiverem os melhores. Você aprenderá muito e obterá informações relevantes. Informação é essencial para o sucesso de qualquer negócio.

Busque ainda na concorrência possíveis alianças e parcerias.

Caso precise se confrontar com algum concorrente, a melhor tática é aquela que ataca seu ponto fraco na mente do cliente. Estude os possíveis pontos fracos e ataque de forma elegante e ética, sem confrontos desnecessários e que poderiam vir a desgastar sua imagem.

Se encontrar dificuldades para mudar a mente do comprador, faça sua estratégia funcionar, mudando a estratégia: altere o produto ou serviço, ou ainda a organização, considerando o mundo dos clientes.

IX – Motivação é Tudo

Motivação é querer e ter a crença que se é capaz de atingir o objetivo e que vale a pena atingí-lo.

Motivação remove montanhas. Alguém já não disse algo parecido?

Motive-se antes de mais nada. Não há nada pior do que um chefe desmotivado. Exemplo é tudo.

Dê aos funcionários e colaboradores a oportunidade e condições de trabalhar com autoridade e responsabilidade, para que possam usar conhecimentos, habilidades e motivação que já possuem. Para aplicar esta motivação, é preciso que, dentro das limitações de cada função, os funcionários participem das decisões. Este é um exercício gerencial: abrir mão da figura do todo poderoso que decide sozinho e passar a compartilhar as decisões com seus subordinados.

Com este processo é possível fazer mais com menos, liberando toda a energia criativa possível, pois os funcionários estão sendo estimulados a assumirem responsabilidades espontaneamente utilizando de forma ampla seus conhecimentos e habilidades.

A mentalidade gerencial autoritária do passado não levará a lugar algum no futuro. O mundo mudou, as pessoas mudaram e a empresas precisam mudar. É preciso permitir que cada um possa descobrir prazer naquilo que faz e passe a compartilhar das decisões, dentro de determinados limites.

Neste processo, cada funcionário está livre para agir, porém significa que ele é co-responsável pelos resultados.

- *Compartilhe informações sobra a empresa, ajude os empregados a entenderem do negócio;*

- *Desenvolva a confiança através do ato de compartilhar informação;*

- *Propicie a automonitoração;*

- *Considere os erros como oportunidade de aprendizado;*

- *Reduza a mentalidade hierárquica. Crie condições para que os funcionários se comportem como donos e dê autonomia através de limites, conforme o cargo.*

O principal benefício é a maior satisfação com o trabalho. Desenvolve-se, em decorrência disso, um maior comprometimento por parte do empregado e melhora a comunicação entre empregados e gerência.

Com isto o processo decisório torna-se mais eficiente, melhora a qualidade e diminui o custo operacional da empresa. A consequência é mais lucro.

X - A Clientela

Administre seu tempo de modo a reservar obrigatoriamente algum para se relacionar com os atuais e, também, para buscar novos clientes.

É preciso fazer constantemente novos negócios. É essencial que você não se acomode com os negócios atuais. Mantenha-se em contato constante com seus clientes e muitos negócios e indicações, com certeza, surgirão.

É preciso se fazer lembrar!

Você poderá certamente atrair clientes, através de telemarketing/mala direta/visitas pessoais, mas também é preciso ser ético, ágil, confiável, estar atento às necessidades do cliente e estar sempre disponível para atendê-lo.

*Procure manter os clientes leais, visitando e/ou telefonando com freqüência. Estabeleça algum tipo de contato. **Não apareça só para vender**.*

O relacionamento

Considere que alguns clientes preferem ser visitados, outros é mais adequado uma ligação telefônica ou um informativo. Conheça seu cliente e descubra como se relacionar com ele da maneira onde você encontra mais receptividade.

Estabeleça metas e mantenha permanente contato.

Além disso, toda empresa deve procurar ir além das expectativas e encantar seus clientes. Para isso, seja criativo, faça diferente, surpreenda-os com algo novo em seu benefício. Em caso de reclamações seja um solucionador de problemas.

XI - A Ética e a Concorrência

Se você quer se destacar na acirrada concorrência, um dos requisitos obrigatórios é a ética, já que o fator confiança é o determinante na fidelidade do cliente e na respeitabilidade de um profissional de negócios ou de uma empresa no mercado.

Descreveremos, sucintamente, algumas atitudes éticas básicas que consideramos essenciais a qualquer relacionamento comercial:

1) Antes de oferecer um negócio, o cliente precisa estar ciente de todas as circunstâncias que o envolvem.

2) Ao propor um negócio, fazê-lo com dados exatos, evitando omitir detalhes que possam prejudicar o cliente, que tem que estar a par, inclusive dos riscos envolvidos.

3) A orientação técnica é de competência de quem comercializa o produto ou presta o serviço, o qual deixará para o cliente a decisão que melhor lhe convier.

4) Qualquer importância que o cliente pague a uma empresa ou deposite em confiança a um prestador de serviços, deverá ter como contrapartida um recibo. Com isto, evitam-se mal-entendidos, desconfianças e deixa clara a idoneidade da empresa e do profissional.

5) Todos os valores, cláusulas negociadas e promessas feitas devem ser entregues por escrito ao cliente, quando do fechamento do negócio.

6) Esforce-se para cumprir, no mínimo, tudo o que for combinado entre as partes, como prazos de pagamento e entrega, tipo de produto ou serviço, custos, descontos etc.

Conclusão

Esta obra não tem o objetivo de esgotar o assunto, nem de apresentar a você leitor regras rígidas e soluções mágicas, pois seria utopia. Pretende provocar uma reflexão interna de modo a rever antigos paradigmas e principalmente, permitir uma análise das condições em que hoje os mercados se desenvolvem, do novo comportamento do cosumidor e da agressiva concorrência que as empresas e profissionais de negócios enfrentam hoje.

Por isso, o sucesso ou fracasso de um negócio depende da forma pela qual se percebe como e porque as coisas acontecem. É preciso estar sempre em busca de adaptar-se ao mercado onde se atua, na mesma velocidade com que ele se transforma, desenvolvendo inclusive a capacidade de antecipar-se a possíveis mudanças e ajustar os comportamentos empresariais a elas.

Percepção correta direciona para que os objetivos sejam atingidos. Se a percepção do negócio é míope, compromete-se diretamente a capacidade de fazer as coisas acontecerem.

Bons Negócios!
O autor

TAVARES & TRISTÃO

Rio de Janeiro
(0XX21) 890 2834 / 890 3325